CCSS Género Fantasía

I0799111

Pregunta esencial

¿Cómo afectan tu vida los inventos y la tecnología?

Marina no quiere hacer la tarea

Sindy Moya Chaves • ilustrado por Carlos Aón

Capítulo 1

Prefiero las puestas de sol

Crecí en una casita junto al mar. Siempre he vivido allí. En las mañanas, desde la ventana de mi cuarto, veo la llegada de los barcos. En las noches, el fuerte sonido de las olas entra por esta ventana y me arrulla al dormir. Mi padre me enseñó a conocer muy bien el mar. Sé cuándo las olas estarán muy altas, cuándo lloverá y cuándo el mar estará quieto y tranquilo.

¡Me encanta la playa! Allí paso horas observando los cangrejos, sus pinzas que se abren y se cierran, su torpe andar en la arena y sus colores vivos. Algunos tienen diseños excéntricos en sus caparazones, con raras formas brillantes. A veces me persiguen hasta la puerta de la casa y luego vuelven a la playa. Son tan curiosos como yo.

Lo que más me gusta son las puestas de sol. Nada se compara a ese momento cuando el sol se queda suspendido por breves instantes en la línea del horizonte. Las aguas cristalinas y la preciosa arena blanca con pequeños puntitos rojos también me deslumbran.

Desde que era muy pequeña he venido a la playa con mi papá después de las clases. Él fue el primero en traerme y enseñarme a amar el mar. Él es el precursor de mis "juegos ribereños", como los llama mi mamá. Usualmente contamos cuántos colores puede pintar el sol en el mar. Hemos logrado ver hasta siete diferentes. Cuando quiero quedarme hasta tarde, él me complace por un rato, pero luego me hace volver a la casa.

—Tus ejercicios de matemáticas te esperan sobre la mesa —dice.

Pienso en lo que dirá mi maestra si llego mañana a clase, otra vez, sin la tarea.

Tengo un cuaderno lleno de dibujos del mar, de la playa y de mis amigos los cangrejos. Creo que he hecho muy buenos dibujos. Es una colección de lo que mi memoria ha grabado del litoral por años. Me gustaría que todas las tareas se relacionaran con este maravilloso lugar. Si fuera así, disfrutaría mucho haciéndolas.

Los ejercicios de matemáticas no me salen bien. "Me gustan las matemáticas, pero prefiero las puestas de sol", le expliqué a la profesora una vez. Mis tareas de lectura también son un desastre. Me toman tanto tiempo que me aburro rápidamente. "Me gusta escribir, pero prefiero dibujar el mar", le dije en otra ocasión.

Mis papás se han molestado por mi falta de interés en las tareas escolares. Mi papá me ha dicho seriamente que no puedo volver a la playa hasta que no mejore mis calificaciones. Yo no he dejado de pensar en lo que más me gusta hacer. Sueño con el atardecer y con la carrera de los cangrejos hacia el mar.

Capítulo 2

Mi amigo Filiberto

Una tarde fui a casa de Filiberto, mi mejor amigo.

Filiberto es uno de los estudiantes más exitosos de la clase. Es muy inteligente, tiene excelentes calificaciones y le va muy bien en matemáticas y en ciencias. Sin embargo, casi no va a la playa. Es un lugar desconocido para él.

Filiberto es tan excéntrico como algunos cangrejos. Siempre ha tenido las ideas más originales e insólitas, aquellas que nadie más ha podido concebir.

A él le encanta jugar con una gran cantidad de máquinas dispersas en toda su casa. Con unas máquinas dibuja y con otras se comunica con personas de otros países.

También tiene máquinas para ver las estrellas y para estudiar formas microscópicas. De hecho, construye nuevas máquinas todo el tiempo. Conecta circuitos, hace planos y arma piezas extraordinarias.

Yo le conté a Filiberto mi problema con las tareas y me propuso que construyéramos una máquina que hiciera las tareas. Yo, muy emocionada, decidí ayudarle.

Primero realizamos un boceto, pero no fue fácil porque tuvimos que dibujar una gran cantidad de piezas. Supe que nos tomaría algunos días terminarlo. Él estaba feliz de tener un proyecto nuevo para trabajar y yo tenía la esperanza de volver a la playa.

Una vez terminado el boceto, teníamos claro lo que necesitábamos. Fuimos a la ferretería local a conseguir las piezas. Usaríamos plástico, tornillos pequeños, pilas, alambres delgados y cables, entre otras cosas.

Construir una nueva máquina era todo un proyecto de ingeniería. Aplicaríamos nuestros conocimientos sobre tecnología. Era una innovación científica y estábamos muy emocionados. En poco tiempo empezamos a desarrollarla. Disfruté y aprendí mucho trabajando con Fili, como a veces le decía de cariño a mi amigo.

Capítulo 3

Una tarea fácil

Cuando terminamos la máquina decidimos probarla. Le dictamos unas operaciones matemáticas y nos dio rápidamente las respuestas. Filiberto comprobó varias veces las respuestas y todo parecía estar funcionando como lo habíamos imaginado. Era increíble ver que habíamos construido algo tan maravilloso.

A Filiberto le gustó construir la máquina, pero no quiso usarla. A él no le gusta que nadie, ni nada, haga sus tareas por él. Es muy juicioso en sus clases y le gusta investigar.

—Quédate con ella —me dijo.

—¿Seguro que no te va a hacer falta? —le contesté muy emocionada.

A Filiberto solo le interesaba construir algo nuevo. Yo no podía creer que él no quisiera usar un invento tan útil como este, especialmente porque facilitaría y entretendría nuestra vida escolar. Aunque traté de convencerlo una vez más, me quedé con la máquina y la llevé a mi casa.

Yo estaba emocionada. Le había dictado todas mis tareas y la máquina me había entregado los textos y las operaciones matemáticas resueltas. En realidad, era fácil <u>usar</u> una máquina como esta. En mi casa no teníamos muchos elementos tecnológicos como en la de Filiberto, así que, hasta ahora, yo no había tenido una máquina propia. Me la pasaba dictándole tareas, probándola, jugando con ella. Hasta me había olvidado del mar, del sol y de los cangrejos.

Descubrí que hacer mis tareas de matemáticas con la máquina no era tan difícil. Por ejemplo: "La maestra reparte 8 botellas de pegamento entre 4 grupos, ¿qué operación matemática necesitamos realizar para saber cuántas botellas le corresponden a cada grupo?". O, "Juan tiene 10 manzanas. Le quiere dar cinco a su hermana menor, ¿cuántas manzanas le quedarán?". Yo escribía los datos en la máquina y no me tomaba mucho tiempo obtener las respuestas.

Detective del lenguaje	**El verbo subrayado está en infinitivo. Busca otro verbo en infinitivo en esta página.**

Cada vez, la máquina era más ágil con las respuestas. Yo no podía creer lo que esta hacía y ocupaba la mayor parte de mi tiempo frente a ella, descubriendo lo que era capaz de realizar.

Al fin logré terminar mis tareas a tiempo, pero no volví a la playa. Ya no me preocupaba que mi maestra o mis padres se enfadaran. Hacer tareas era muy fácil y no volví a salir de casa, tampoco volví a visitar a Filiberto, ni a jugar con mi padre en la arena.

Capítulo 4

La respuesta equivocada

Continué usando la máquina. Hacía todas mis tareas, pero las respuestas habían empezado a ser erróneas. Yo le dictaba los problemas matemáticos y los resultados eran incorrectos. Volví a tener problemas con mi maestra. Esta vez, no porque no hiciera las tareas, sino porque las hacía mal. Estaba sorprendida porque creí que la máquina funcionaba perfectamente. Confiaba en ella porque la había construido con Filiberto, el mejor inventor que he conocido.

A pesar de obtener resultados incorrectos, seguí insistiendo y escribí algunos problemas más. "¿Qué figura tiene tres ángulos?".

—Un cuadrado —respondió la máquina.

Volví a intentarlo.

"Manuel tenía veinticinco pesos, su mamá le regaló otros veinticinco y su papá le obsequió diez. ¿Cuántos pesos tiene Manuel en total?".

—Veinticinco por dos más diez es igual a treinta y cinco pesos —volvió a equivocarse la máquina.

Con las tareas de lenguaje ocurría lo mismo.

"¿Cómo se les llama a las personas que nacieron en Nicaragua?", escribí.

—<u>Franceses</u> —respondió erróneamente la máquina.

Aunque la máquina cometía errores, yo seguía dictándole más tareas asignadas.

"¿Cómo se llaman las personas que nacieron en Jamaica?", escribí de nuevo.

—Peruanos —respondió.

"¡Esto está muy mal!", pensé.

Detective del lenguaje	**La palabra subrayada es un gentilicio. Busca otros gentilicios en esta página.**

La maestra corregía todos los ejercicios en clase y mis compañeros los resolvían muy fácilmente: "La figura que tiene tres ángulos es el triángulo", "25 + 25 + 10= 60", "las personas de Nicaragua son nicaragüenses", "a las personas de Jamaica se les llama jamaiquinos".

Mientras yo... no sabía qué decir.

Me sentía muy avergonzada porque no tenía las respuestas correctas. No me había tomado el tiempo necesario para hacer mis tareas como correspondía. De hecho, no me había tomado ningún tiempo. Solo escribía las tareas y el resultado salía de la dichosa maquinita.

Para colmo de males, mis compañeros creían que yo no sabía nada de nada. Antes decían que era una perezosa que no hacía las tareas. Ahora dicen que soy una descuidada y que las hago mal.

La maestra dijo que todos podíamos equivocarnos, pero lo importante era que corrigiéramos nuestros errores. Medité un tiempo prolongado sobre lo que había dicho la maestra. Ella tenía toda la razón. Era hora de empezar a dedicarle tiempo a mis tareas, ¡no más maquinita de hacer tareas! ¡No más playa hasta no terminar todos mis deberes!

JOKOSD
MA

Yo pensaba que la máquina me iba a ayudar, pero solo había empeorado las cosas. Filiberto también me había dicho que la máquina solo era un juguete y que no debía confiarle mis tareas. En mi casa, mis padres me ayudaron a comprender que la tecnología puede ayudarnos, pero no puede pensar por nosotros.

La situación cambió en la clase siguiente. Teníamos un nuevo proyecto de ciencias y yo lo lideraría.

—He escuchado que te gusta mucho la playa —dijo mi maestra.

Bastó un guiño suyo para que se me olvidara la máquina.

Esa tarde todos nos convertimos en aventureros. Fuimos juntos a la playa a estudiar los cangrejos, sus formas y tamaños. Como yo conocía muy bien el lugar, los llevé adonde podíamos encontrar más cangrejos.

Después la maestra nos pidió investigar un poco más sobre las especies de crustáceos, que viven en el litoral, para que los dibujáramos. Fui a la biblioteca y allí usé otra máquina: la computadora. Aunque esta vez no hizo mi tarea, sí me ayudó a encontrar la información necesaria. Fue la mejor tarea de todas, porque pude volver a la playa y hacer lo que más me gusta: mirar las puestas de sol. La maestra dice que aprenderemos a usar la computadora en las clases de tecnología. Aun así, nunca más dejaré de ir a contar colores en el mar con mi papá.

Respuesta a la lectura

Resumir

Usa los detalles más importantes de *Marina no quiere hacer la tarea* para resumir el cuento. Puedes usar el organizador gráfico como ayuda.

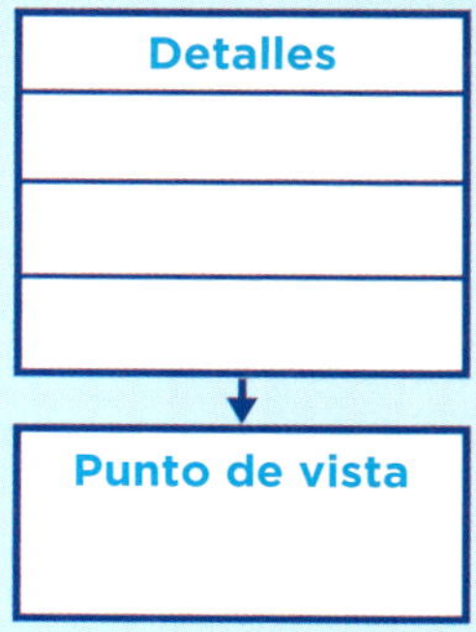

Evidencia en el texto

1. ¿Cómo sabes que *Marina no quiere hacer la tarea* es fantasía? Identifica dos características del cuento que te permitan determinarlo. **GÉNERO**

2. Vuelve a leer el capítulo 3. ¿Qué piensa Marina sobre la función de la máquina? **PUNTO DE VISTA**

3. En la página 5, ¿cuál es el sinónimo de la palabra *insólitas*? **SINÓNIMOS**

4. Vuelve a escribir el cuento como si lo contara el padre de Marina. **ESCRIBIR SOBRE LA LECTURA**

Género | Texto expositivo

Compara los textos

Lee sobre los efectos que el sistema de autopistas interestatales tuvo en la gente de Estados Unidos.

El sistema interestatal de autopistas

En Estados Unidos, a principios del siglo XX, los carros se volvieron más comunes. En ese entonces, la mayoría de las carreteras estaban sin pavimentar. Eran más aptas para el tránsito de caballos y carretas. Conducir en estas carreteras tomaba mucho tiempo. El viaje estaba lleno de baches y era muy incómodo.

Unas cuantas décadas después, la gente empezó a explorar la idea de un sistema de autopistas. Sin embargo, el costo de la construcción de estas autopistas sería altísimo. ¿Quién lo pagaría?

Las carreteras en mal estado hacían que los viajes fueran difíciles. Con frecuencia, los carros se atascaban en el barro.

En 1953, Dwight D. Eisenhower se convirtió en el presidente de Estados Unidos. Él se dio cuenta de que la gente necesitaba autopistas para movilizarse y transportar las mercancías a través del país.

En 1956, Eisenhower convenció al Congreso de aprobar la Ley de Ayuda Federal de Autopistas. Se construirían más de 40,000 millas de autopistas que atravesarían cada estado. El gobierno pagaría los costos de la construcción de la mayoría del sistema interestatal de autopistas.

Las nuevas autopistas tendrían por lo menos dos carriles en ambas direcciones.

Cómo están numeradas las autopistas interestatales

Cada autopista interestatal tiene un número. Las rutas principales tienen números de uno o dos dígitos. Las autopistas interestatales con números impares van hacia el norte y hacia el sur. Las que van hacia el oriente y hacia el occidente tienen números pares.

Los números de tres dígitos se usan para las autopistas que están cerca de las ciudades y para las rutas que unen diferentes autopistas interestatales.

La construcción de algunas secciones de las autopistas implicó enormes retos de ingeniería. Era difícil construir autopistas sobre o alrededor de las grandes montañas. Para abrir pasos, los ingenieros usaron explosivos y construyeron túneles.

Cuando se terminó de construir el nuevo sistema, la mercancía se transportó directamente en camiones en todo el país. Las personas pudieron viajar distancias largas mucho más rápido.

La construcción del sistema interestatal de autopistas facilitó la vida de las personas. También modificó el paisaje. De repente, la gente pudo vivir más lejos de los centros de los pueblos y de las ciudades.

Los pasos elevados o puentes se construyeron para que las autopistas pudieran pasar por encima de las carreteras existentes.

¿? Haz conexiones

¿Cómo afectaron las autopistas interestatales la vida de las personas? **PREGUNTA ESENCIAL**

¿Cómo cambió la tecnología la vida de los estadounidenses y de Marina? **EL TEXTO Y OTROS TEXTOS**

Enfoque:

Género

Fantasía Los cuentos de fantasía tienen características que no son posibles en la vida real. Algunos textos fantásticos suceden en mundos antiguos con dragones y tesoros. Otros cuentos de fantasía tienen un ambiente moderno e incluyen animales que hablan o criaturas irreales con poderes especiales.

Lee y descubre Un cuento de fantasía generalmente incluye personajes y acontecimientos que no son reales. En *Marina no quiere hacer la tarea,* Filiberto y Marina se inventan una máquina que hace las tareas. Ellos solo tienen que escribir la pregunta y la máquina da las respuestas.

Tu turno

Trabaja individualmente o con un compañero y piensa en otro suceso que se relacione con Marina y la máquina. Por ejemplo, qué hubiera pasado si Marina le hubiera prestado la máquina a uno de sus compañeros de clase.

Dibuja la familia de Marina. Usa detalles del cuento como ayuda y piensa en qué punto de vista te centrarás. Escribe un pie de foto.